प्रोविजनल कुल्लियात

बरबाद

जब जब भी मुझे शायरी का ख्याल आता है, मुझे जौन एलिया साहब की याद आती है। उनका बेबाक लहजा और उनके सितमगर लफ़्ज़ों को समर्पित यह किताब।

Jaun Elia

क्रम-सूची

क्रम-सूची

भूमिका

साहित्य को पढ़ने, सीखने और लिखने का जज्बा, मुझे पिछले छः सात सालों से है। मैं निरंतर प्रयासरत हूँ के हर समय कुछ ना कुछ सीखा, समझा जाये।

भावनाओं को लिखने और उनको जन जन तक पहूँचाने के उद्देश्य से यह किताब प्रोविजनल कुल्लियात प्रकाशित की जा रही है।

किताब में हिन्दी, उर्दू और अंग्रेजी भाषा के बोलचाल वाले शब्द सम्मिलित है।

पावती (स्वीकृति)

कवियित्री/लेखिका स्वाति सैनी जी ने इस किताब को सम्पादित करने में एक अहम और अतुलनीय भूमिका निभाई है। उनका यह योगदान काबिल ए तारीफ है।

आमुख

कुल्लियात (उर्दू: کلیات) शायरी में किसी शायर की रचनाओं के संग्रह को कहते हैं। यह शब्द 'कुल' से आया है, यानि शायर का 'कुल' काम इस संग्रह में मौजूद होना चाहिए, लेकिन वास्तव में अगर शायर की कुछ-बहुत रचनाएँ भी उसमें सम्मिलित हों तो उसे कुल्लियात ही कहा जाएगा।

किताब की भाषा को सरल तथा सहज बनाने के लिए किताब के आखिर में कुछ हिन्दी उर्दू शब्दों के माने दिये गये है।

1. लोग

नये लोगों में भी
वहीं पुरानी दिक्कत है
इनको भी प्रेम चाहिए
ये भी चाहते है
इनको सुना जाये
इनको समझा जाये
इनको भी साथ चाहिए
साथ भी ऐसा गोया
जो ऊँचे दूर
सातवें आसमान तक
जाना पड़े तो साथ रहे
नये लोग भी तो
आखिर लोग है
कुछ हमारे है
कुछ आपके है।

2. ख़्वाब

मैं जिक्र करता हूँ बहारों से
बहारों से तुम्हारे जवाब आते है

है अपने दिल का ठिकाना वहीं
जहाँ से जहां के नवाब आते है

शराब पीकर मैं बहकता नहीं
सुरूर समझो के खराब आते है

किसी को मुकम्मल तुम मिल गये
किसी को तुम्हारे ख़्वाब आते है

3. शिकायत

"मेरा साहित्य सिमट जाता है
जैसे सिमटता है बाल्टी का पानी मग्गा में"

किसी से कोई शिकायत ना होना भी
दिल के किसी कोने में दबा होना भी

है तारीखों में दर्ज साथ बिताई गई शामें
यहीं होना था तिरा होना भी ना होना भी

4. ताल्लुकात

अगर मैं कहूँ के जैसे वो इत्तेफाक रखता है।
हमसे भी वैसा ही कुछ ताल्लुकात रखता है

बरबाद तो और भी मिले होंगे कई बार
याद रखने को वो याद पहली मुलाकात रखता है

रंजिशें है तो दरम्यान दोनों के जिन्दा है मरासिम
सच के विसात पर झूठ के जज्बात रखता है

हैरानगी है उसके लफ्ज़ों में जादूगरी का होना
आवारगी के नोक पर सादगी एहतियात रखता है

हो ना जाये मोहब्बत यारों कहीं फिर किसी से
दामन में आजकल फरेबी कोरे करामात रखता है

5. सादा

रग ए तहरीर में मिरे
आप झाँक कर देखिये

झूठ कितना सच है
बात ज़रा बनाकर देखिये

एक अरसे से गिरा
वहीं हाल ए बयां है

बात अफ़वाह है तो
बात थोड़ा घुमाकर देखिये

ऐसे कैसे और ऐसे ही
आख़िर कब तक चलेगा

आप को रिश्ता पड़ता है
आप ही चलाकर देखिये

मन ऊबने लगा है

हमको दर्द नया चाहिये

जान लेवा लगे आशिकी
आप दिल लगाकर देखिये

मैंने लिखा है सादा
आप सादा सुनाकर देखिये

6. जबरन

बालकनी की रेलिंग ऊठा रही है
पैरो का बोझ
जैसे मैं इन ख़ामोश शामों में
बोझ ऊठाता हूँ
तुम्हारे ना होने का
के दरम्यान
तुम्हारे साथ चलते चलते
तुम्हारी ऊँगुलियों में
अपनी ऊँगुलियाँ फ़साने के
उधेड़बुन में गुम होते हुए
तुम्हारे सारी बातों को
दरकिनार करते हुए
जैसे हवा उठाती है जिम्मा
पेड़ों से गिरते हुए
इक्का दुक्का पत्तों को
ठिकाने लगाने का
ईक कविता
लिक्खी है
कहीं दूर
दीवार पर
लिये
किये
वाले

हथोड़े की ठक ठक का
जैसे कहीं किसी पूरे मोहल्ले में
रहा हो
सन्नाटा
अपना सम्राज्य
जैसे बस आ रही हो
मोटर से
पानी भरे जाने की आवाज
जैसे शोर हो
सिर्फ किसी टीस का
जैसे कुछ नहीं कहना
जैसे किसी पुराने बात पर
हर बात पर झिझकना
जैसे जबरन
भूख होते हुए भी
खाली पेट रहना

"साल ह साल साल बदल जाते है
यही होता है हर साल बदल जाते है

कमबख़्त ये जख्म क्यों नहीं भरते
कमबख़्त ये हाल क्यों बदल जाते है"

7. कंडीली

अच्छा हुआ के
कवियों ने
कविताओं की
जात-पात
शारीरिक तौर पर
नहीं बाँटी।
शब्दों का
लेखक के साथ
धर्मांतरण नहीं किया।
अहसास को
पुछने की नहीं
पूजने की
जरूरत है।

"विडम्बनाओं के इस दौर में
मैं शून्य कालीन होकर
कॉवर के कंडीली की तरह
तुम्हारा होना चाहता हूँ"

8. इतना जीते है मर जाते है

लिखते हुए
ज़िन्दगी को सोचना
और
ज़िन्दगी को
जीते हुए
तुमको लिखना
तुमको लिखना
तुमको
और सोचना
इतना जीते है
मर जाते है

"रफ़्ता रफ़्ता समझ में आयेगी
एक मुलाकात की कीमत
उनको भी उनके ख़्वाबों में
धुधंला धुधंला सा मिलुंगा में"

9. वजूद

"जिन दूरियों में भी फासलें नहीं होते
वहाँ पर तुम मिरे नजदीक रहते हो"

लोग लिखने को क्या नहीं लिख देते है।
मगर मैंने लोगों के लिखे में प्रेम पाया है।
मैं प्रेम से तब हार गया
जब मैंने किसी और के लिखे प्रेम पर
अपना वजूद पाया

10. लहज़ा

नये दोस्त के आ जाने पर
अलग लहज़ा चला रहे हो

आज तक सब मेहरबानी था
आज बैठकर गिनवा रहे हो

मैं तुम्हारा नहीं तुम मेरे नहीं
ये किसको समझा रहे हो

नये दोस्त के आ जाने पर
अलग लहज़ा चला रहे हो

दौर ए सियासत जान ले लेगा
क्यों सबको आजमा रहे हो

नये दोस्त के आ जाने पर
अलग लहज़ा चला रहे हो

11. अलमारी

"पुराने किताबों के हिस्से में
अलमारी की नीचे वाली
रेक आती है जैसे
मेरे हिस्से में तुम्हारी
सारी यादें आई हैं"

फ़लक देखो तो तमन्ना
चाँद और सितारे हो

फ़िरदौस की हो तमन्ना
और जान प्यारे हो

साफ मोहब्बत में हो
निशानी मोहब्बत की है

मुकम्मल नींद है तमन्ना
रात है मगर जागे हो

12. हजार करके

"एक ग़ज़ल में, तुम समाते भी तो कैसे
सौ ग़ज़ल की तो सिर्फ तुम्हारी आँखें है"

ईक रंग में मुझको हजार करके
बदल जा जैसे ख़्वाब करके

फिर तोड़ मुझको यूँ दरार करके
दम निकले जैसे बुखार करके

मैं आब ओ हया में दब जाऊँ
दबा दे जैसे ख़ुमार करके

अस्ल की बात पर हो चस्मक
इब्रत बना जैसे बीमार करके

ज़ाबित ज़माना जियादा चलता
बरबाद कर जैसे नकार करके

13. मैं बच्चा ना रहा

पहले जैसा अब कुछ ना रहा
तुम तुम ना रहे मैं मैं ना रहा

शहर बदलें किराये के घर बदले
लहज़ा भी मेरा कच्चा ना रहा

बैठकर उदासी छानता रहता हूँ
पापा कहते है मैं बच्चा ना रहा

पहले जैसा अब कुछ ना रहा
तुम तुम ना रहे मैं मैं ना रहा

14. बिन बुलाए

"और इश्क की आरज़ू रह जाये
मुकम्मल मोहब्बत इसी को कहते है"

दीवारों पर जैसे
उग आते है
बिन बुलाए
बिन लगाए पौधे
सुना था, बचपन में
इनको ऊखाड़ फेंको।
नहीं तो दीवार ढह जायेगा
काश के इश्क़
वैसा, उस तरह की
हरकत लिये नहीं होता, होता

15. देते है

रूह को नया फरमान देते है
ख़ामोशी को नया नाम देते है

जख़्म को कैसा एहसान देते है
नाकामयाबियों को अब्र मुकाम देते है

इश्क़ को सारा जहान देते है
इश्क़ को सरफ़िरा अंजाम देते है

गुलामों को एक पहचान देते है
गुलज़ार को अब आराम देते है

शाईरी को आज ज़ुबान देते है
चाहतों को आज शाम देते है

16. वहीं हुआ

जो चाहते थे
वहीं हुआ
अजनबी
हमसफर हुआ
अजनबी हुआ
ये और बात है
के मैंनें
मुझे मत मारो का
कसम-ए-वादा
नहीं दिया
ये और बात है
के तुमनें
ऐसा कुछ करने का
इरादा
नहीं किया

17. बातों का हिसाब

यारों ये सब तो
महज़ इत्तेफ़ाक होता होगा

इश्क सूद कम
ज्यादा ब्याज़ होता होगा

और रह जाती होंगी
चूभने को यादें

काँटों के सूरत में
बातों का हिसाब होता होगा

18. मुआमला

ज़िन्दगी हम बहुत परेशान से रहते है तेरे ठहर जाने से
पहले मोहब्बत के हाँ कहने से और फिर मुकर जाने से

थोड़े बहुत हैरान से भी रहते है वक्त के गुज़र जाने से
मुआमला दिल में जो था और उसको नहीं हशर पाने से

वापसी रक्खी नहीं थी जाते वक्त संभाल कर जो मैंने
टूटकर बिखर गये है इरादें अपने किसी के सबर पाने से

अच्छा कुछ हुआ नहीं है हाल यहीं है आईना देख लो
क्यों पुछते हो मत पुछा करो कर दो खबर ज़माने से

कैसा राब्ता क्यों रक्खे पैमाने को ध्यान में हमें बतलाओ
तुमनें छोड़ दी तुम्हारी राह भी तो नहीं बसर मयखाने से

19. रफ़

"हमारी मोहब्बत ग़ज़लों के मुख़ातिब थी
हमारे मोहब्बत में इश्क़ तमाशा रहना था"

अधूरी भरी कॉपी के
कोरे पन्नों सी
तुमनें
छोड़
ज़िन्दगी मिरी
मिरे काम तो आई
मगर रफ़ की तरह

20. रिवायतें

यदि किसी व्यक्ति के ललाट पर
दोनों भौं के बीच सिकुड़न है।
तो मुमकिन है वो उसका बयान हो।

इसी वाया में, इश्क़ वालों के लिए एक शेर,

"

"बेसबब और बेसब्र है प्यार पाने को
किसी की आगोश में चले जाने को

भूल कर ये दूनियां और ये रिवायतें
ओझल हो जाने को फ़ना हो जाने को""

21. भूख

मैं भूख की
व्यथा पर
भूख को
लिखना चाहता था
मगर प्रेम
मुझसे
हिज्र लिखवाना चाहता
तो मैं
हिज्र ही लिखूँगा
यह जानते हुए भी
के भूख
प्राण लेने में
सक्षम है
और प्रेम
ज्यादा से ज्यादा
भूख ले लेगा

22. क़सीदा

बा मुश्किल से मुश्किल
किसी से दोस्त, दिल की बात बनती है

जिस्म तो जिस्म होवे है
जिस्म से सरकार, यहाँ में जात बनती है

क्योंकर दिखे हम संजीदा
संजीदगी से, आजकल की घात बनती है

और मिलाओ रात में रात को
तब जाकर अमावस की रात बनती है

> ""आखिरी पन्ने पर
> क़सीदा लिक्खा है
>
> मौत अंत है
> पसंदीदा लिक्खा है""

23. जरूरी

मैंने कुछ नहीं सीखा
ना बुजुर्गों से
ना बच्चों
ना अध्यापकों से
ना किताबों से
ना दोस्तों से
ना दुश्मनों से
ना प्यार से
ना इश्क़ से
ना वक्त से
ना रक्त से
ना पेड़ से
ना पौधों से
ना नदी से
ना तालाब से
ना सड़कों से
ना पहाड़ों से
ना धूप से
ना छाँव से
ना रूप से
ना नाव से
ना दीवारों से
ना मज़ारों से

ना जल से
ना थल से
ना आसमां से
ना जमीन से
आखिर क्यों जरूरी है
कुछ ना कुछ सीखना ही
आखिर क्यों जरूरी है
अपने असल को छोड़ देना

24. तलब

"मतलब में जो तलब है ना
मेरे लिये वो भी तुम हो"

यह जानते हुए कि
उससे अब दोबारा
मिला नहीं जा सकता
और उसका मिलना
नामुमकिन है
फिर भी उसी से
प्रेम करते रहना
अपरिहार्य प्रेम बनकर
ज़ेहन में रह गया है

25. एक तरफा

"मोहब्बत एक तरफा होकर रह जाये
तो आदमी, खुश रहने की अदाकारी करने लगता है
इसी वाया में एक शेर"

आदम जात है इसमें कोई क्या करें
खुद से मक्कारी करने लगता है

जानता है एक बेवफ़ा को मगर
उससे वफ़ादारी करने लगता है

खुलती है दिन ब दिन
वक्त की गिरहें इस कदर, बरबाद!

जवानी बुढ़ापे की तैयारी और
बुढ़ापा बुर्दबारी करने लगता है

26. फिक्र

जानते, समझते और
यह बुझते हुए भी
कि जो आज है
कल ही कल में
कल हो जायेगा
मैंने हर बात की
फिक्र छोड़ दी है
ठीक जलते हुए सिगरेट के
उस धुएँ की तरह
जो अपना
जलता हुआ वजूद
ठुकरा जाता है
जानते, समझते और
यह बुझते हुए भी
कि खेल, तमाशा
या ज़िन्दगी
जो भी है
एक दिन खत्म होने वाला है

27. बहर से बाहर

"हिज्र के, ईक दौर में
लफ़्ज़ों से भी मिरी मात लिखी थी"

तिरे बाद देखा सबको है
मगर किसी पर भी प्यार नहीं आया

"सुबह-सुबह दुआ का वक्त होता है
सो नींद खुलने लगी है, तिरी चाहत में"

उतर रही हो जैसे रेत के टीले से रेत की लहर
रह रहकर मिरे दिल में यादों की हुक उठती है

"सच, मुझसे थोड़ा दूर से गुज़रा है
इश्क मुझे भी बहरा कर गया था"

दब जाती है जो उदासी, हँसी के नीचे
उसी का इख़्तियार आजकल रखते हैं

"इस बार मोहब्बत तुमपे गुज़रें
तुमको हो खेल मुबारक शब्दों का"

दिल के धक-धक से
तुम्हारे बक-बक की याद आती है

"ग़र मैं किसी का ख़्वाब हूं
तो उसका ख़्वाब टूट जाये"

हर रोज घूमकर वहीं पर आ जाना
इश्क को तो मिरा घर होना था।

"और इश्क की आरज़ू रह जाये
मुकम्मल मोहब्बत इसी को कहते है।"

चला था तेरा जिक्र यूँही किसी फसाने में
याद आई मोहब्बत हुई थी एक जमाने में

"छोटे से कमरे में रहने वाले लोग
वक्त से पहले बड़े हो जाते है"

शब्दों के माने

सुरूर- नशा

मरासिम- संबंध

एहतियात- एहतियातन

काँवर- काँवर' संस्कृत भाषा के शब्द 'काँवांरथी' से बना है। यह एक प्रकार की बहंगी है, जो बाँस की फट्टी से बनाई जाती है। 'काँवर' तब बनती है, जब फूल-माला, घंटी और घुंघरू से सजे दोनों किनारों पर वैदिक अनुष्ठान के साथ गंगाजल का भार पिटारियों में रखा जाता है

कंडीली- रंगीन कागज या प्लास्टिक का बना एक सजावटी सामान जिसके अन्दर दिया या बल्ब रखते है

फ़िरदौस- जन्नत

चस्मक- झरना

इब्रत-किसी की दशा से सीख लेना

ज़ाबित-ज़ब्त करने वाला; रखने वाला

मुख़ातिब-जिससे कुछ कहा जाए, संबोध्य

क़सीदा-प्रशंसनीय, लालित्य, या व्यंग्य कविता

बुर्दबारी-बरदाश्त

www.ingramcontent.com/pod-product-compliance
Lightning Source LLC
Chambersburg PA
CBHW021147130726
47988CB00004B/1505

9 798887 338965